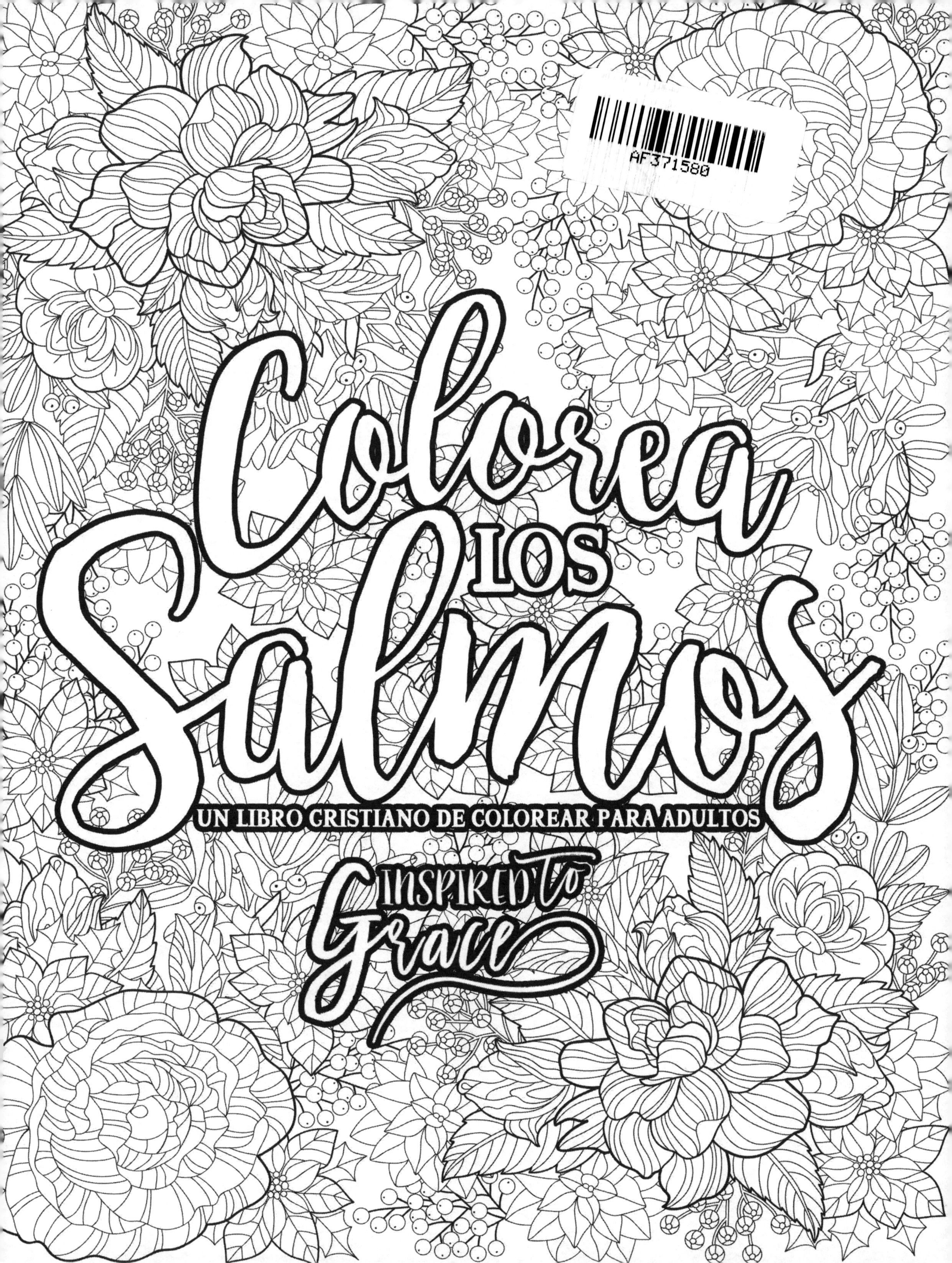

Colorea
los
Salmos
UN LIBRO CRISTIANO DE COLOREAR PARA ADULTOS
INSPIRED TO GRACE

El Señor es mi pastor, nada me falta
SALMOS 23:1

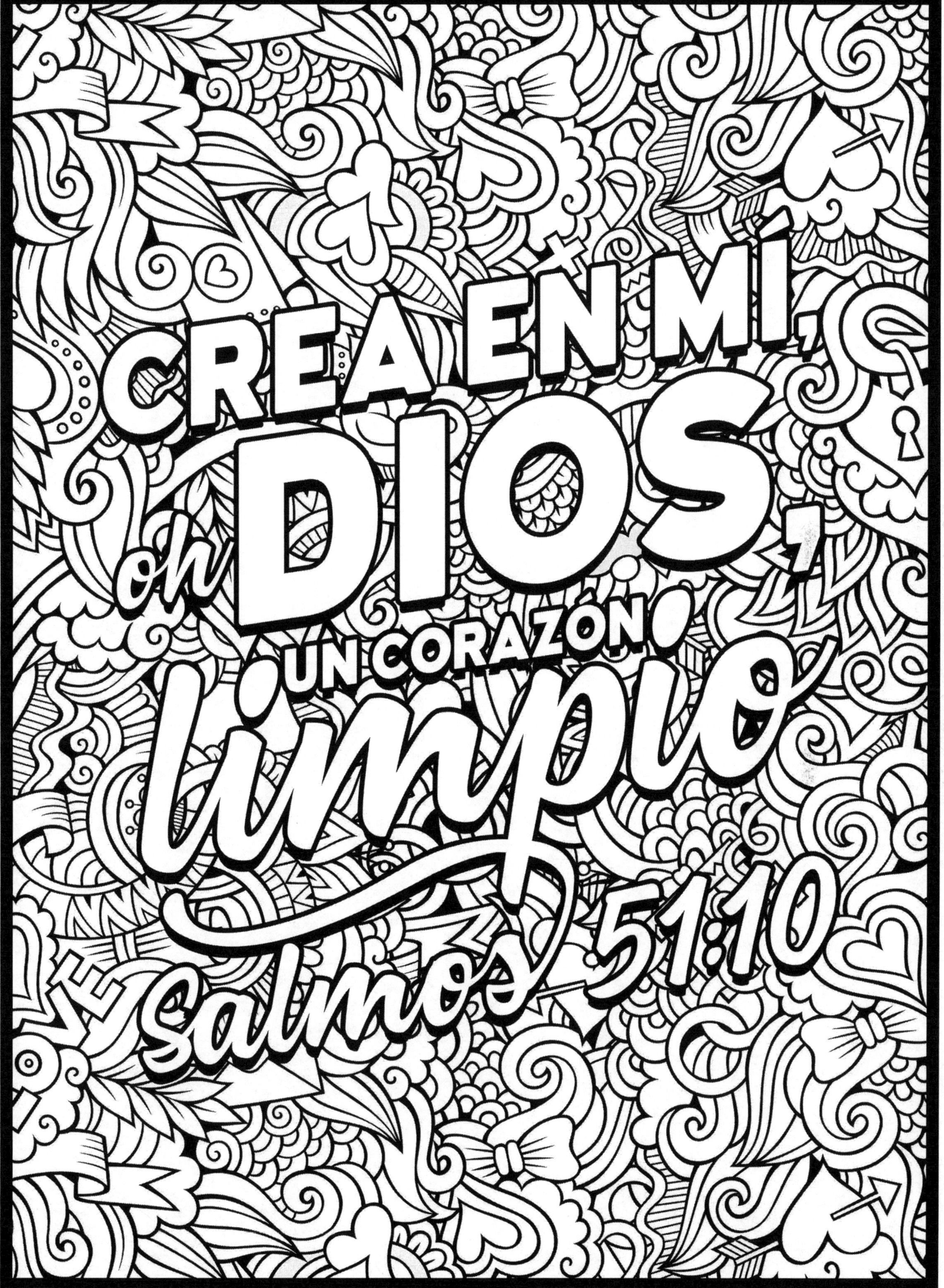

CREA EN MÍ,
oh DIOS,
un CORAZÓN
limpio
Salmos 51:10

TEN PIEDAD DE MÍ,
¡oh Dios,
conforme
A LO inmenso DE TU
COMPASIÓN
Salmos 51:1

El Señor
es mi roca,
mi baluarte
y mi
libertador
SALMOS 18:2

Deléitate
EN EL
Señor
SALMOS 37:4

OH SEÑOR, HAS EXAMINADO MI CORAZON Y SABES TODO ACERCA DE MI
SALMOS 139:1

Bendice, alma mía, al Señor
SALMOS 103:1

PREFIERO la
cuidar la
ENTRADA
DE LA CASA DE MI
Dios
QUE
HABITAR
entre
LOS IMPÍOS
SALMOS 84:10

ME
MOSTRARÁS
LA SENDA
DE LA
Vida
SALMOS 16:11

LOS HIJOS SON UN
REGALO
del
SEÑOR
SALMOS 127:3

¡No sucede
LO MISMO CON
LOS
malos!
SON COMO PAJA
INÚTIL
QUE ESPARCE
el viento
SALMOS 1:4

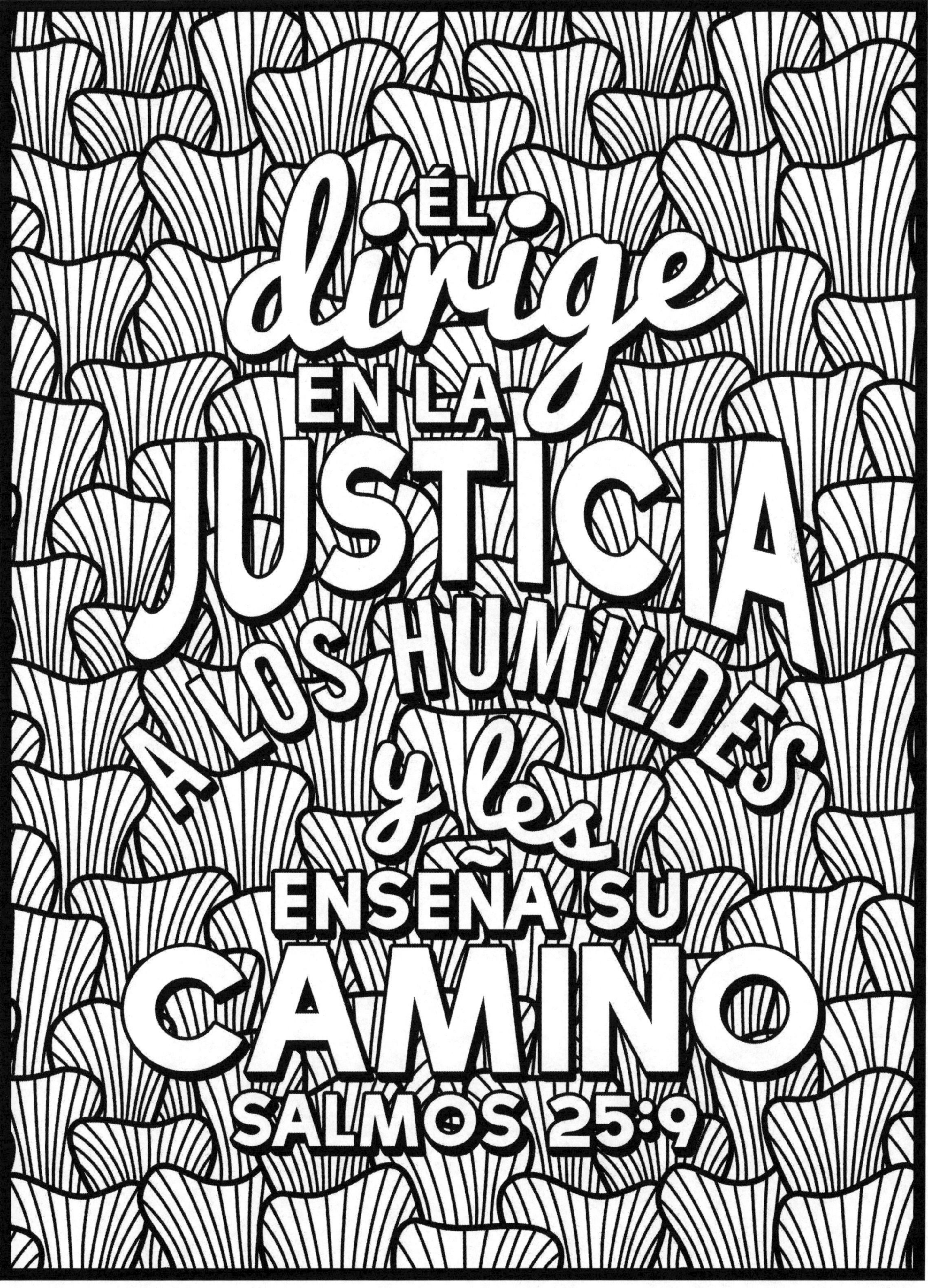
ÉL dirige EN LA JUSTICIA A LOS HUMILDES y les ENSEÑA SU CAMINO
SALMOS 25:9

OH
DIOS
SEÑOR NUESTRO,
¡CUAN GRANDE ES TU
NOMBRE
EN TODA LA
TIERRA!
SALMOS 8:1

ECHA
SOBRE EL
Señor TU
carga Y
ÉL TE
sustentará
SALMOS 55:22

TODAS TUS
MARAVILLAS
CONTARÉ
SALMOS 9:1

HE guardado TU palabra EN MI corazón
SALMOS 119:11

CANTARÉ ALABANZAS AL
NOMBRE del
SEÑOR,
EL ALTÍSIMO
SALMOS 7:17

Bendeciré al
SEÑOR
EN TODO TIEMPO
Salmos 34:1

LIBRAME
DE MIS ENEMIGOS,
OH DIOS
MÍO
SALMOS 59:1

LAS PALABRAS DEL
SEÑOR
SON PURAS,
son como la plata
REFINADA,
SIETE VECES
purificada
EN EL CRISOL
SALMOS 12:6

DEL
Señor
ES LA TIERRA
Y SU PLENITUD, EL
mundo,
Y LOS QUE EN EL HABITAN
SALMOS 24:1

EN TI CONFIARÁN LOS QUE CONOCEN TU NOMBRE
Salmos 9:10

Tú creaste las delicadas partes internas de mi cuerpo y me entretejiste en el vientre de mi madre
SALMOS 139:13

LÁMPARA
es a
MIS PIES
tu
PALABRA
SALMOS 119:105

A TU LADO NO TIENEN CABIDA los MALVADOS
SALMOS 5:4

COMO EL CIERVO
BRAMA POR LAS corrientes
DE LAS
aguas,
asi
CLAMA
por ti,
OH Dios,
el alma mia
SALMOS 42:1

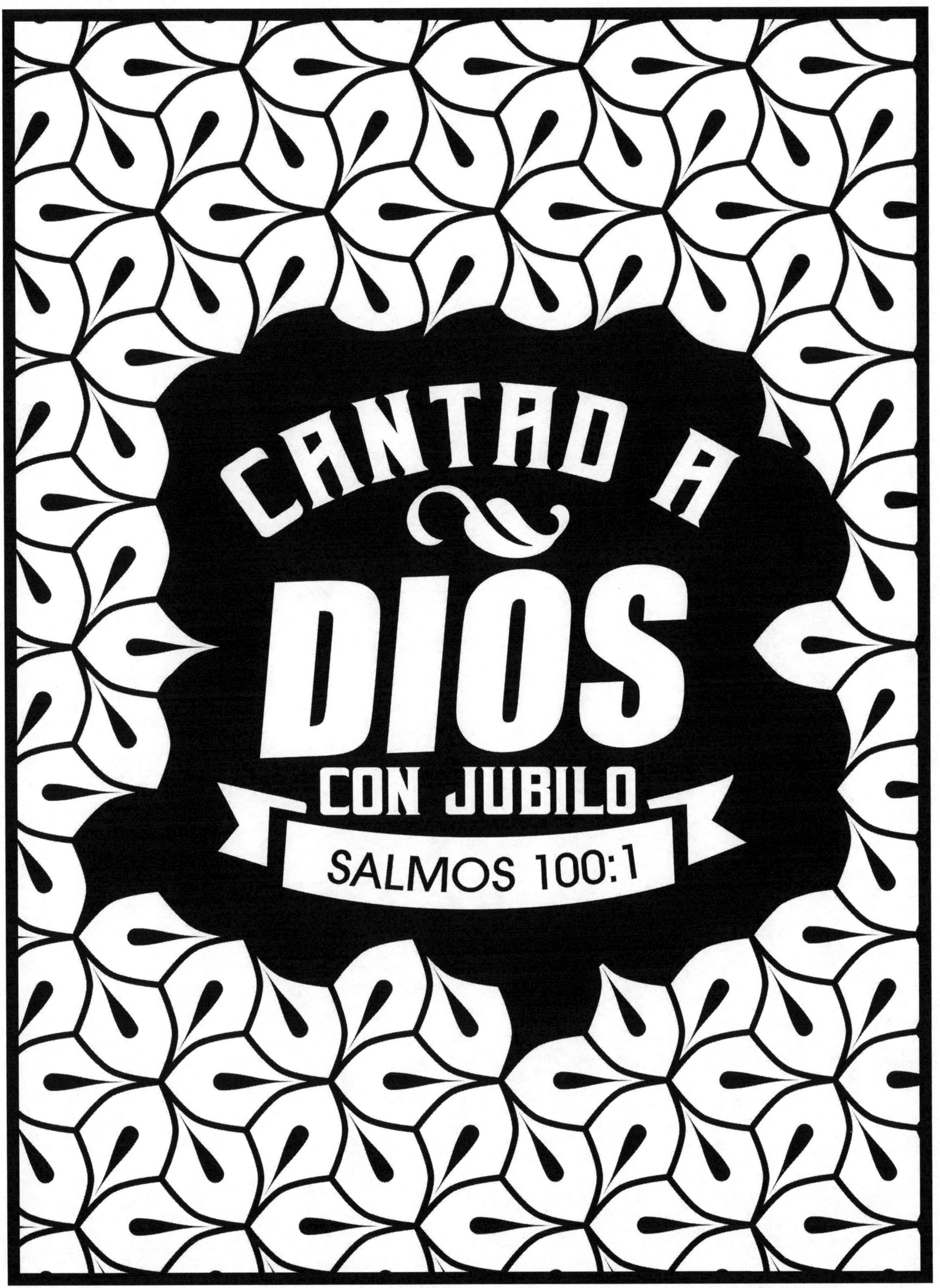

CANTAD A
DIOS
CON JUBILO
SALMOS 100:1

NO TEMO
PELIGRO
ALGUNO
PORQUE
TÚ ESTÁS
A MI LADO
SALMOS 23:4

YO TE HE INVOCADO, POR CUANTO TÚ ME OIRÁS, OH DIOS: INCLINA A MÍ TU OÍDO, escucha MI PALABRA
SALMOS 17:6

LOS QUE
AMÁIS AL
SEÑOR,
ABORRECED
EL MAL
SALMOS 97:10

EXAMÍNAME, OH
Dios!
Y CONOCE
MI CORAZÓN
SALMOS 139:23

ÉL ORDENARÁ a sus ÁNGELES que te PROTEJAN POR DONDE VAYAS
SALMOS 91:11

ESTE ES EL DÍA QUE
HIZO
EL
Señor
SALMOS 118:24

¡Jamás podría escaparme de tu espíritu!
SALMOS 139:7

Los
MANDAMIENTOS
DEL
Señor
SON RECTOS,
QUE ALEGRAN EL
Corazón
Salmos 19:8

Quédense
quietos y
sepan
que yo soy
Dios
SALMOS 46:10

El Señor
es mi luz y
mi Salvación
SALMOS 27:1

DICHOSO EL HOMBRE
que no sigue
EL CONSEJO DE LOS
malvados
SALMOS 1:1

Muéstrame la senda correcta,
oh SEÑOR;
SEÑÁLAME
el camino que debo
seguir
SALMOS 25:4

LOS CIELOS
cuentan la
GLORIA de
DIOS
SALMOS 19:1

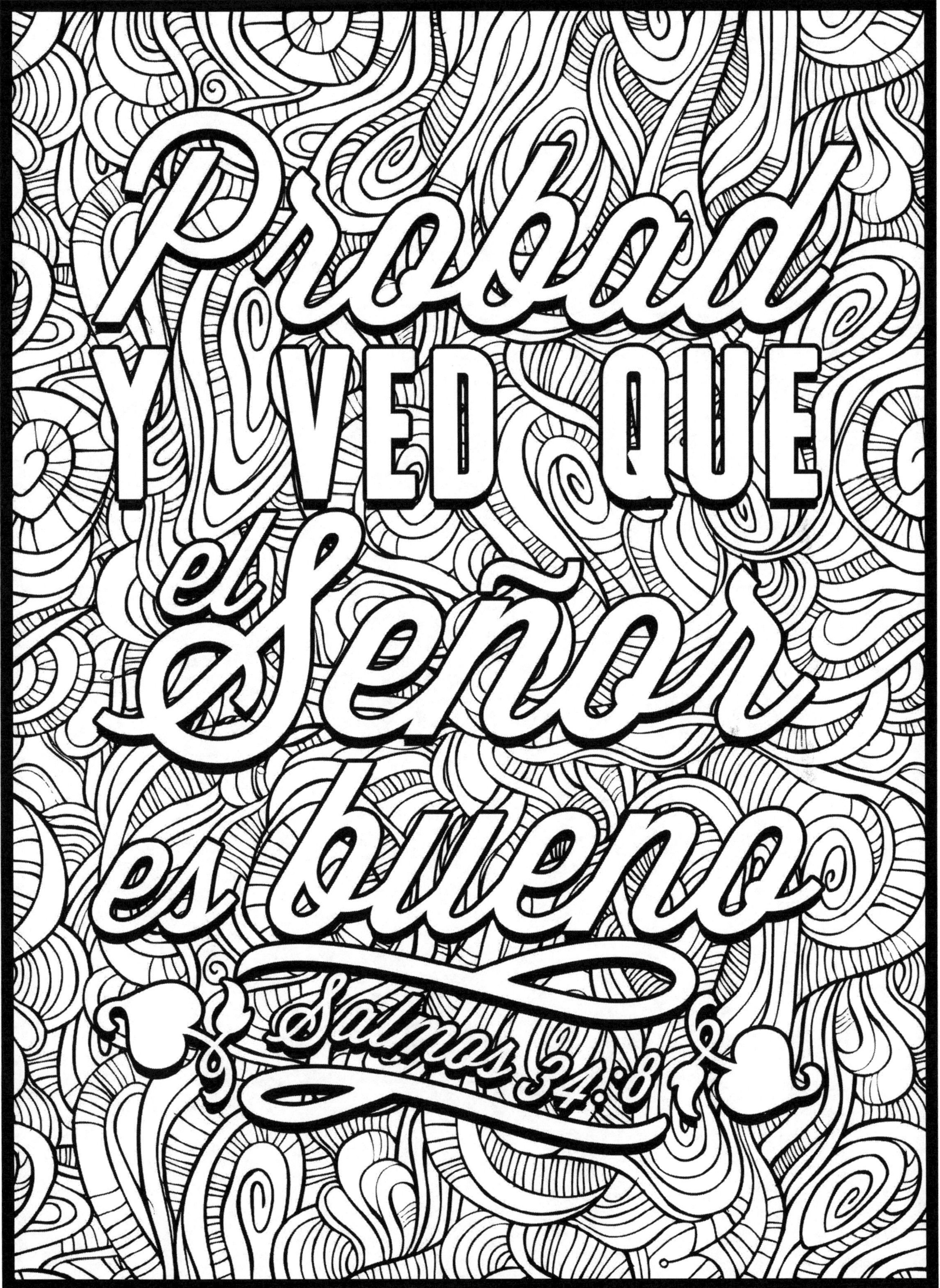

Probad
y ved que
el Señor
es bueno
Salmos 34:8

¡Hagamos pedazos sus cadenas! ¡Librémonos de su yugo!
SALMOS 2:3

ALZARÉ
mis ojos a los
MONTES
Salmos 121:1

SOLO LOS NECIOS
DICEN EN SU
CORAZÓN:
NO HAY Dios
« HAY »
SALMOS 14:1

Esfuérzate
Y ALIÉNTESE
TU CORAZÓN
Sí, espera al Señor
SALMOS 27:14

Descarga gratuita
en PDF de este libro
www.inspiredtograce.com/ctbpsalms
CÓDIGO DE DESCARGA: CTB9337
@inspiredtograce
Inspired to Grace

¿Quieres descargas gratuitas?
Escríbenos un correo electrónico a: freebies@inspiredtograce.com

@inspiredtograce

Inspired To Grace

Compra todos nuestros libros en
www.inspiredtograce.com/es

Distribución al por mayor a través de Ingram Content Group
www.ingramcontent.com/publishers/distribution/wholesale

Preguntas y Servicio de atención al cliente
Escríbenos un correo electrónico a:
support@inspiredtograce.com

Made in the USA
Monee, IL
07 July 2026

56551537R10055